글쓴이 캐서린 바는 대학교에서 생태학을 전공하고 그린피스에서 활동하다가 언론에 대해 공부했어요. 이후 자연사 박물관에서 전시에 필요한 글을 쓰고, 교육 자료를 편집했어요. 쓴 책으로 《신비하고 아름다운 우주》, 《어린이를 위한 첫 세계사》, 《기후 변화 이야기》 등이 있어요.

글쓴이 스티브 윌리엄스는 웨일스 대학교에서 해양 생물학과 응용 동물학을 공부했어요. 바다에서 8년을 보냈고, 지금은 학교에서 과학을 가르쳐요. 천문학에 조예가 깊고, 꿀벌을 열심히 키워요. 쓴 책으로 《신비하고 아름다운 우주》, 《기후 변화 이야기》 등이 있어요.

그린이 에이미 허즈번드는 리버풀 예술학교에서 그래픽 아트를 공부했어요. 첫 그림책 《디어 미스》(Dear Miss)로 2010년 캠브리지서 어린이 그림책상을 받았어요.

옮긴이 황세림은 대학교에서 미학을 전공하고 대학원에서 비교문학을 공부했어요. 책이 좋고 원문의 울림이 좋고 우리말의 무한한 가능성이 좋아서 꾸준히 번역을 하고 있어요. 옮긴 책으로 《지구의 역사가 1년이라면》, 《고래가 걸었다고?》, 《신비하고 아름다운 우주》, 《기후 변화 이야기》 등이 있어요.

| 교양학교 그림책 |

자연 보호 이야기

초판 1쇄 2024년 4월 8일

글쓴이 캐서린 바, 스티브 윌리엄스 | **그린이** 에이미 허즈번드 | **옮긴이** 황세림 | **펴낸이** 황정임
총괄본부장 김영숙 | **편집** 최윤희, 김로미 | **디자인** 이영아, 이선영 | **제작** 이재민 | **마케팅** 이수빈, 윤인혜 | **경영지원** 손항숙

펴낸곳 도서출판 노란돼지 | **주소** (10880) 경기도 파주시 교하로875번길 31-14 1층
전화 (031)942-5379 | **팩스** (031)942-5378 | **등록번호** 제406-2009-000091호 | **등록일자** 2009년 11월 30일
홈페이지 yellowpig.co.kr | **인스타그램** @yellowpig_pub
ISBN 979-11-5995-360-6 77450 | ⓒ 도서출판 노란돼지 2024

The Story of CONSERVATION: A First Book About Protecting Nature
Text © 2023 Catherine Barr and Steve Williams.
Illustrations © 2023 Amy Husband.
First published in 2023 by Frances Lincoln Children's Books, an imprint of The Quarto Group.
Korean Translation © 2024 Yellowpig
Korean Translation rights arranged with The Quarto Group though Orange Agency

이 책의 한국어판 저작권은 오렌지에이전시를 통한 The Quarto Group과의 독점 계약으로 "도서출판 노란돼지"에 있습니다.
저작권법에 의해 한국 내에서 보호를 받는 저작물이므로 무단전재와 무단복제를 금합니다.

제조국 대한민국 | **사용연령** 5세 이상 | **주의사항** 종이에 베이거나 긁히지 않도록 조심하세요. 책 모서리가 날카로우니 던지거나 떨어뜨리지 마세요.

| 교양학교 그림책 |

자연 보호 이야기

처음 읽는 환경책

캐서린 바 · 스티브 윌리엄스 글
에이미 허즈번드 그림, 황세림 옮김

오래전 지구는 빽빽한 숲과 습한 열대 우림, 메마른 사막,
웅장한 산, 드넓은 들판과 짙푸른 바다로 뒤덮여 있었어요.
선사 시대에는 자연이 번성했지요.

선사 시대

시간이 흐르자 사람들은 환경을 바꾸기 시작했어요.

사람들은 가축을 키우고 농사를 지었어요.
어떤 곳에서는 농작물과 가축을 거래해서 부자가 된 사람들도 생겼어요.

작년보다 수확이 줄었네.

옛 아시아 일부 지역에서는 상인들이 야생 버섯을 따고 조개를 캤으며 동물을 잡아 모피를 얻었어요. 어쩌다 자연을 보호하는 법이 생겨도 결국 부유하고 힘 있는 사람들만 이득을 봤어요.

1600년대~1830년대

힘이 센 나라들은 더 많은 걸 가지기 위해 세계 곳곳에서 땅과 자원을 훔쳤어요.
건물을 짓고, 배를 만들고, 연료를 얻겠다며 드넓은 숲을 베어 버렸어요.

산업화와 거리가 먼 곳에서는 원주민이 전통 방식 그대로
자연에 거의 해를 끼치지 않고 살았어요.
원주민은 그 지역에서 오래전부터 대대로 살아온 사람들이에요.

**어떤 곳에서는 사람들이 자연을
마구잡이로 이용했어요.**
서구 도시 여성들은 박제한 새를 모자 장식으로 사용했어요.
부유한 사람들은 아프리카나 인도를 관광하며
사냥을 즐기고 코끼리 상아와 호랑이 가죽 같은
기념품을 가지고 싶어 했어요.

미국 서부에서는 철길이 뚫리자
유럽 출신 개척자들이 밀려와 들소 수천만 마리를
사냥했어요. 결국 들소 떼에 의지해 살아가던
여러 공동체가 파괴됐어요.

자연 보호론자들은 점차 생태계를 이해했어요.

생물이 어떻게 서로 이어져 있는지, 한 종이 사라지면 어떤 재앙이 닥치는지 알게 됐어요.
덕분에 사람들은 자연이 처한 위기를 이해하고 해결 방법을 고민했어요.

1935년~1962년

신기술이 등장하면서 사람들은 이전과는 다른 방식으로 자연을 이해하게 됐어요. 렌즈를 통해 미세한 부분을 확대해서 보고, 드넓은 풍경을 한눈에 담을 수 있게 됐지요. 탐험가들은 광활한 우주와 고요한 바다를 누비며 지구를 새롭게 바라봤어요.

근사한 사진이 나오겠는걸!

1960년대

우주 시대의 문을 연 우주선 아폴로 8호가 달 궤도를 도는 동안 우주 비행사들은 칠흑 같은 어둠 속에서 새파랗게 빛나는 구슬을 보았어요. 구름과 바다와 빛 그리고 생명이 소용돌이치는 지구였지요.

한편, 지구에서는 과학자들이 잠수정을 타고 해저 탐사에 나섰어요. 신기하게 생긴 바다 생물과 불을 뿜는 해저 화산을 사진으로 기록했어요. 사람들은 점차 지구를 살아 있는 생명체로 인식하게 됐어요.

와, 저건 뭐지?

하지만 인간은 끊임없이 자연을 훼손했어요.
사태의 심각성을 깨달은 사람들은 지구를 지키기 위해
들고일어났어요. 영화와 사진을 찍어서 현실을 알리고
자연 보호 캠페인을 벌였어요. 세상 모든 사람들에게
책임감을 갖고 환경 운동에 적극 나서라고 외쳤어요.

히말라야 산림 벌채는 칩코 운동으로 중단됐어요.
칩코 운동은 평화적인 방법으로 숲을 지켜 낸 환경 운동이에요.
손을 맞잡고 나무를 에워싼 여성들의 모습은
전 세계에 숲을 지켜야 한다는 공감을 불러일으켰어요.
공기가 오염되어 지구 대기층에 구멍이 뚫리고
위험한 자외선이 들어오자 세계 지도자들은
오염을 일으키는 화학 물질 사용을 금지하기로 했어요.
이 밖에도 지구를 지키려는 다양한 노력이 전해지면서
사람들을 일깨웠어요.

환경 피해는 지구 곳곳에서 나타났어요.
과학자들은 정보와 의견을 나누고 새로운 기술을 탐구했어요.

과학자들은 생명이 넘치는 남극에서 바다를 탐사하고,
밤하늘을 연구하며 얼음 땅에서 끈질기게 살아가는
작은 식물의 생명력에 감탄했어요. 탐사 결과를 확인한
세계 지도자들은 눈과 얼음으로 덮인 황무지를 보호하기로
약속했어요. 오늘날 남극은 과학 탐구와 환경 보전을 위해
법으로 보호되는 유일한 대륙이에요.

1950년대~1990년대

과학자들은 화석 연료 사용을 줄여야 한다고 경고했어요.
화석 연료 사용은 기후 변화를 일으켜요.
강우 패턴이 달라지고 산불, 홍수, 폭우가 전보다 잦아졌어요.
해수면 높이도 점점 올라갔어요.
과학자들은 우리 모두가 자연 훼손을 멈추고
지구를 구해야 한다고 한목소리로 경고했어요.

기후 변화의 주된 책임은 부유한 나라에 있어요.
부유한 나라에서는 에너지와 물자를 더 많이 써요.
이 때문에 자연이 파괴되고 있어요.
목재, 고기, 콩, 팜유 생산을 위해 열대 우림이 잘려 나가요.
강우량이 줄면서 사막이 넓어지고, 수확량이 줄며,
생물의 서식지가 이동하고 있어요.

북극에서는 기후 변화로 얼음이 녹고 있어요.
굶주린 북극곰이 마을 쓰레기통을 뒤지고 있어요.
야생 동물이 마을로 내려오면서 사람과 부딪치는 횟수도 늘었어요.
오늘날 자연 보호는 세계 곳곳에서 아주 시급한 과제예요.

배고파!
맛 좋은 물개를
먹고 싶어.

북극권 야생 보호 구역은 알래스카 원주민인 그위친족과 이누피아트족의 고향이에요.
아름다운 자연 덕분에 보호받는 곳이지요. 그런데 북극 해안은 보호 구역이 아니에요.
기업들은 얼음 아래 파묻힌 석유를 노리지만 이곳 역시 지역 주민들의
삶의 터전이고, 순록들의 소중한 번식지랍니다.

**태평양 팔라우 제도에서는 과학자와 어민들이 서로 머리를 맞대고
환경을 효과적으로 보전하는 방법을 찾고 있어요.**
마을 사람들은 기후 변화 위기를 절실히 느끼고 있어요.
극지방의 얼음이 계속 녹으면 팔라우 같은 섬나라는 물에 잠길지도 몰라요.

오늘은 물고기가 별로 없네.

2017년

외딴 섬 주민들은 관광업과 어업으로 먹고살아요.
그런데 관광객 수가 늘수록 물고기 수는 줄었어요.
과학자들과 함께 바다를 조사한 어민들은
물고기가 줄어든 곳에서는 고기잡이를 중단했어요.
그러자 시간이 흘러 바다에 다시 생명이 넘치고 산호가 꽃피었어요.

바닷속에 무지개가 뜬 것 같아.

**관광지에서 멀리 떨어진 지역에서는
야생 동물을 사냥해서 먹거나 팔기도 해요.**
도시에서는 야생 동물 고기를 찾는 사람이 늘었어요.
이러다 천산갑, 보노보, 악어 같은 멸종 위기 동물들이
완전히 사라질 수도 있어요.

숲에 가도 돼요?

오늘날

아프리카 가나의 일부 지역에서는 동물을 사냥하는 대신 달팽이나 토끼, 꿀벌을 길러요.
야생 동물 지킴이들은 카메라를 설치해서 정보를 수집하고,
천산갑이 생태계에서 어떤 역할을 하는지를 어린이들에게 알려 줘요.
이 밖에도 세계 곳곳에서 다양한 자연 보호 프로젝트를 통해 사람들의 인식을 바꾸고 있어요.

사진을 찍어서 알려야지.

모든 종은 저마다 중요한 역할을 해요.
종의 다양성이 사라지면 사람과 야생 동물 모두 위험에 처해요.
숲 생태계에서 천산갑은 흰개미 수를 제한하는 역할을 하고,
똥을 싸서 씨앗을 퍼뜨리는 보노보는
숲의 정원사나 다름없어요.
악어는 강 생태계에서 중요한 포식자랍니다.

자연 파괴는 인간의 욕심에서 비롯됐고, 보전에는 많은 돈과 노력이 들어요.
어떤 희귀종을 먼저 보호할지, 어느 경관을 우선 복원할지 결정하는 것도 어려운 일이에요.

호랑이나 코끼리 같은 야생 동물은 마음껏 누빌 땅이 필요해요.
대륙을 이동하는 철새는 습지가 있어야 쉬어 갈 수 있고,
도시의 꿀벌은 꽃이 있어야 꿀을 얻고 꽃가루를 운반할 수 있어요.

다행히 사람들은 자연과 조화롭게 사는 방법을 찾아 나가고 있어요.
노르웨이 수도 오슬로에서는 정원이나 옥상, 창가에 꿀벌이 좋아하는 꽃을 심었어요.
꽃가루를 운반하는 곤충을 위해 도시에 화사한 꽃길을 만든 거예요.

오늘날

사람들이 꼭 필요한 만큼만 가져간다면 자연은 다시 활짝 꽃필 거예요.
바다에는 다양한 바다 생물이 살고, 우거진 숲에는 야생 동물이 돌아와
생태계가 번성할 거예요.

지금 무엇보다 중요한 것은 인간과 자연이 조화를 이루며 사는 거예요.
부유한 나라 사람들은 앞장서서 기후 변화에 맞서야 해요.
가난한 나라 사람들은 목소리를 높여야 해요.
권력을 가진 사람들은 자연과 사람을 이롭게 하는 결정을 내리고,
소비자들은 지속 가능한 삶을 살아야 해요.

오늘날

선사 시대 | 1600년대~1830년대

알아 두면 좋은 환경 용어

기후 변화 - 전 세계에서 오랜 기간에 걸쳐 나타나는 변화. 오늘날 기후 변화의 주범은 화석 연료 사용과 대규모 산림 벌채다.

화석 연료 - 화석화된 동식물에서 생성된 천연연료. 석탄, 석유, 가스 등이 있다.

산림 벌채 - 목재나 건축, 농사, 광산을 목적으로 나무를 베어 내는 것.

보전 - 생물과 서식지를 보살피고 보호하는 것.

선사 시대 - 문자로 된 기록이 없는 시대. 석기와 청동기, 철기 시대로 구분.

환경 운동 - 환경 보호를 위한 사람들의 노력이나 활동.

멸종 위기 - 어떤 생물 종이 없어질 위험에 처한 상태.

산업 혁명 - 증기 기관이 개발되어 공장에서 쓰이면서 대량 생산이 가능해진 계기.

국립 공원 - 법으로 보호되는 야생 지역.

신성한 - 고결하고 거룩한 것을 표현하는 말로, 보통 종교적인 의미를 띤다.

개척자 - 황무지를 쓸모 있는 땅으로 바꾸는 사람.

오늘날 | 2017년

| 800년대 | 1870년대~1900년 | 1900년대 |

| | | 1935년~1962년 |

황무지 - 사람의 손이 닿지 않아 자연 상태로 남겨진 땅.

잠수정 - 사람을 싣고 바닷속을 다니는 배. 목적에 따라 관광용, 군사용, 탐사용으로 이용.

기술 - 과학적 발견을 문제 해결에 적용하는 수단.

지속 가능한 - 오래 계속될 수 있는 것을 뜻하는 말로, 완전히 소모하지 않거나
(Sustainable)　　완전히 파괴하지 않는 것. '지속 가능한 발전' '지속 가능한 농업'처럼
　　　　　　　　쓸 수 있다.

| | | 1960년대 |

| | | 1970년대~1980년대 |

| 2014년 | 1988년~2007년 | 1950년대~1990년대 |